Selbstwertgefühl

Sich selbst lieben lernen
Die Selbstachtung, Eigenliebe
& Selbstsicherheit
aufbauen,steigern &
stärken negative in positive
Gedanken umwandeln &
glücklich werden
Ratgeber Buch

Inhaltsverzeichnis

Selbstwertgefühl stärken und eine neue Marschrichtung einschlagen

Es gibt diese Menschen, die loslaufen, Dinge anpacken, Veränderungen herbeiführen und eine ganz neue Lebensidee verwirklichen. Mitunter liegt dafür noch nicht einmal ein genau ausgetüftelter Plan vor. Vielmehr ist es der innere Kompass, der hier zum Einsatz kommt und diese Menschen neu einordnet. Das Leben wird in die Hand genommen und zu neuen Ufern aufgebrochen, die für diese Menschen bedeutsam erscheinen.

Die Träume, Ideen, Visionen und Sehnsüchte entspringen nicht gesellschaftlichen Normen und Pflichten, sondern sind der eigene, tief verwurzelte Wunsch nach Veränderungen. Dahinter stehen der Wunschtraum eines selbstbestimmten, authentischen Lebens und das Verfolgen von Herzenswünschen.

Selbstverwirklichung ist ein wichtiges Element der Persönlichkeitsentwicklung. Dabei verabschieden Sie sich von alten Denkmustern, schlechten Gewohnheiten und Ausreden, die Sie bisher in vermeintliche Schranken verwiesen und ihnen das Gefühl gegeben haben, dass dieser Wunsch nach Veränderung eine falsche Entscheidung ist. Grund für diese Gefühle ist das Zweifeln an der eigenen Stärke, fehlendes Selbstwertgefühl, Selbstbewusstsein und Selbstachtung.

Genau Sie sind es, die Ihnen den Rücken stärken und zeigen, dass sie alles schaffen können, wenn Sie es nur wirklich von ganzem Herzen wollen. Ein Stück davon haben Sie von allem in die Wiege gelegt bekommen. Durch Lernprozesse im Leben ergeben sich Resultate, die durch die Veränderung der Denkweise über die eigene Persönlichkeit herbeigeführt werden.

Die Ergebnisse führen zu einem selbstbestimmten Leben, hinter dem sie mit voller Überzeugung stehen können. Sie sind zufriedener und glücklicher.

Dieses Ziel erreichen Sie mit einem gestärkten Selbstwertgefühl, Selbstbewusstsein, Selbstvertrauen, Selbstachtung und Selbstsicherheit. Denn sie sind der Schlüssel dafür, um aus alten Routinen und Denkmustern auszubrechen und neue Wege zu beschreiten. Dass Ängste und Selbstzweifel auftreten ist ganz normal. Sie begeben sich ja auf ungewohntes, neues Terrain und können vielleicht nur andeutungsweise vorhersehen, wie sich ihr zukünftiges, selbstbestimmtes Leben entwickeln wird.

Es tauchen immer wieder die gleichen Fragen auf, die sie daran hindern, den neuen Weg zu gehen und sich weiterzuentwickeln:

- was passiert, wenn Sie das Ziel nicht erreichen und scheitern?
- welche Möglichkeiten haben Sie, wenn Ihnen die Resultate der Veränderungen kein gutes Gefühl geben?
- vielleicht entspringt der Wunsch nach Veränderung nur einer momentanen Phase, die sich von ganz alleine wieder in Luft auflöst?
- wie denken andere Menschen darüber, wenn Sie alte Denkweisen und Muster ablegen und durch neue ersetzen?
- bisher hat doch alles funktioniert. Warum sollten Sie eine Veränderung herbeiführen und nicht an Dingen festhalten?

Verweigern Sie sich den vielen Fragen, die Sie sich selbst immer wieder stellen. Sie drücken Ängste und Selbstzweifel aus. Damit bremsen Sie den sehnlichen Wunsch, etwas zu bewegen.

Diese Denkmuster sind ein Schutzmechanismus mit suboptimalem Effekt, da dadurch negative Gefühle und Ängste geschürt werden. Denn für Veränderungen müssen Sie Ihre Komfortzone verlassen.

Seien Sie sich aber im Klaren darüber, dass Sie nur eine Veränderung herbeiführen, wenn Sie Ihr Selbstwertgefühl stärken, Selbstbewusstsein aufbauen und Selbstvertrauen sowie Selbstsicherheit erlangen. Nehmen Sie Ihr Leben selbst in die Hand, trennen Sie sich von alten Denkmustern, verfolgen Sie Ihre Wünsche, Träume, Ziele und Visionen. Indem Sie damit starten, erhalten Sie eine neue andere Betrachtungsweise von sich selbst. Sie beginnen Ihren eigenen Wert zu erkennen und bauen darauf ein neues, stärkeres Selbstwertgefühl auf. Die Selbstzweifel rücken in den Hintergrund und werden immer unwichtiger.

Warum Selbstwertgefühl stärken und Persönlichkeit entwickeln?

Menschen mit einer starken Persönlichkeit verfügen über ein gesundes Selbstwertgefühl. Sie stehen hinter ihren Gedanken und Handlungen, weil sie mit dem nötigen Selbstvertrauen ausgestattet sind und einfach wissen, dass ihre Entscheidungen richtig sind.

Sie haben in ihrer Entwicklung die Kunst der Selbstannahme gelernt, Liebe zu sich selbst entwickelt und damit den Selbstwert gestärkt und Selbstbewusstsein erlangt. Daraus entsteht Selbstvertrauen! Wenn Sie im Internet nach einer Definition von Selbstwert, Selbstvertrauen und Selbstbewusstsein schauen, stoßen Sie auf folgende Erklärungen:

- **Selbstwert** beschreibt das Gefühl der eigenen Wertigkeit, den Wert der eigenen Person.
- **Selbstvertrauen** bedeutet das Vertrauen auf die eigenen Fähigkeiten und die eigene Kraft, Dinge zu verändern.
- **Selbstbewusstsein** ist die überzeugte, bejahende Haltung sich selbst gegenüber.

Diese Definitionen sind nur eine grobe Umschreibung. Allerdings gibt es ausführlichere Beschreibungen und sogar Forschungen und Annahme zu diesen Begriffen, die sich folgendermaßen darstellen:

Selbstwert

Zitat: *„Das Wichtigste im Leben kannst du dir nur selbst geben: deinen Selbstwert."* Gudrun Kropp

Zitat: *„Das Selbstwertgefühl beruht auf dem Gefühl, dass man selbst mehr wert ist als andere."* Gerhard Uhlenbruck

Wenn von Selbstwert gesprochen wird, ist damit die eigene Wertigkeit, die eigene Einschätzung gemeint, die ein jeder Mensch sich selbst beimisst. Darum werden für den Begriff Selbstwert Synonyme wie Selbstvertrauen, Selbstbewusstsein, Selbstachtung, Selbstsicherheit und Selbstliebe verwendet.

Selbstwertgefühl ist niemals objektiv, sondern eine subjektive Einschätzung, die sich aber mithilfe der „Selbstwertskala an Moris Rosenberg" messen lässt.

Der Selbstwert war in der Psychologie und anderen Humanwissenschaften nie ein großes Thema, obwohl er die wichtigste Grundlage für Erfolg und Glück ist. Heute hat sich die Denkweise in Bezug auf den Selbstwert geändert, warum es mittlerweile Selbsthilfegruppen und psychologische Techniken gibt, um das Selbstwertgefühl zu stärken und zu festigen.

Laut wissenschaftlichen Studien lässt sich das Selbstwertgefühl bis 60 Jahre steigern. In den darauffolgenden Lebensjahren soll eine Umkehrung erfolgen, sodass das Selbstwertgefühl wieder abnimmt. Diejenigen, die ein ausgeprägtes Selbstwertgefühl besitzen, finden Ruhe in sich selbst, wodurch ein Wohlfühleffekt erzeugt wird. Sie haben ausgeprägte Kenntnisse über ihre Fähigkeiten und Ihr Können.

Dieses Wissen steht in keinem Zusammenhang mit Ihren Fähigkeiten und Leistungen, sondern mit der Individualität der Person, die immer eine Wahlmöglichkeit in den Entscheidungen bereitstellt.

Früher wurde der Wert eines Menschen bei der Geburt festgelegt und begründete sich auf dem gesellschaftlichen Stand der Familie. Es wurde nicht darüber nachgedacht, in welchem Zusammenhang dieser Einfluss auf den Selbstwert hat. In der heutigen Gesellschaft, die von Werten geprägt ist, musste ein Umdenken erfolgen, weil die alten Werte keinen Bestand mehr haben. Die heutige Gesellschaft wird sich selbst und anderen Menschen immer wieder einen Spiegel vorgehalten und eine Konfrontation erzeugt. Daraus ergibt sich ein stetiges Angleichen.

Wer über ein stabiles Selbstwertgefühl verfügt, geht deutlich achtsamer mit sich selbst um und hat Selbstverantwortung für das Tun und

Handeln übernommen. Daraus ergibt sich, dass Sie zu sich selbst einen netten, freundlichen Umgang pflegen und Ihre positiven Gefühle beeinflussen. Es entsteht Selbstbewusstsein und Selbstliebe, beides wichtige Fähigkeiten, die Ihnen mentale Stärke verleihen und Kraft geben, die Lebensidee neu zu formulieren.

Selbstbewusstsein

Verwendet wird der Begriff Selbstbewusstsein in der Psychologie, Soziologie, Philosophie und den Geisteswissenschaften. In jedem dieser Bereiche gibt es aber verschiedene Bedeutungsebenen. So steht der Begriff einerseits für das „Selbstbewusstsein der einzelnen Person" und andererseits für das „kollektive Gruppenbewusstsein". Beim einzelnen Menschen ist es für das innere Denkvermögen verantwortlich und führt letztendlich dazu, die eigene Persönlichkeit zu erkennen.

Dabei stellt sich den Menschen die Fragen, wer und was sie eigentlich sind. Für die Beantwortung der Fragen wird ein Denkprozess durchgeführt. Neben aktiven gibt es auch passive Denkanstöße. Sie entstehen durch Menschen im eigenen Umfeld, die eine andere Denkweise als die eigene verfolgen.

Sie sind wichtig für das Erkennen und sich selbst definieren und tragen ein großes Stück zur Entwicklung des Selbstwertgefühls bei. Vertrauen, Sicherheit, Gewissheit und Zuversicht sind starke Begleiter des Selbstbewusstseins.

Bei den Menschen, die über ein starkes Selbstbewusstsein verfügen, sind diese Eigenschaften in hohem Maße vorhanden. Das Resultat daraus ist Unbekümmertheit, Sorglosigkeit und Optimismus mit denen sie der Zukunft gegenübertreten. Denn sie haben ein ausgeprägtes Selbstvertrauen, sind von sich selbst und ihren eigenen Fähigkeiten überzeugt und definieren darüber den Wert ihrer eigenen Person. Das Vertrauen in sich selbst ergibt ein überzeugendes, selbstsicheres Auftreten.

Selbstbewusstsein ist eigentlich nichts anderes als ein positives Wertgefühl von einer Person oder einer Gruppe von Menschen, wo es einen Zusammenhang zwischen den sozialen Werten gibt. Daher ist das Synonym für Selbstbewusstsein der „Selbstwert".

Selbstbewusstsein bezieht sich vielfach auf eine nicht wertfreie Umgebung, wo Sie Anerkennung bekommen oder nicht.
Anerkennung heißt in diesem Zusammenhang, dass Sie den geltenden Wertvorstellungen der anderen entsprechen.

Wer ein starkes, ausgeprägtes Selbstbewusstsein hat, steht sich selbst und damit seinem Selbstwert eher kritisch gegenüber und versucht, Eigenschaften wie Eigenverantwortlichkeit und Selbstbestimmtheit zu erweitern. Solche Menschen schaffen es auch, einer angepassten Gruppe als eigenständige Persönlichkeit zu begegnen.

Selbstliebe – Eigenliebe

Um das Selbstwertgefühl zu stärken, müssen Sie zuerst einmal lernen, sich selbst so anzunehmen wie Sie sind und Liebe gegenüber der eigenen Person zu entwickeln. Diese sogenannte Eigenliebe ist für die Persönlichkeitsentwicklung sehr wichtig, weil der Hebel für Veränderungen nicht nur an einer Stelle angesetzt werden kann. Es spielen viele Faktoren zusammen und davon sind Selbstwert und Selbstliebe nur ein Teil.

Die hier gemeinte Selbstliebe ist nicht zu vergleichen mit Egoismus oder Narzissmus. Wer einmal das Alte Testament aufschlägt, findet dort die Idealvorstellung, was Selbstliebe bedeuten soll.

Zitat: *„Du sollst Deinen Nächsten lieben wie dich selbst!"* Buch Levitikus 19.1-2-11-18

Damit wird nichts anderes gesagt, als dass Eigenliebe auch die Nächstenliebe mit umfasst. Die moderne Psychologie vertritt die Annahme, dass sich Verhaltensauffälligkeiten und psychische Probleme auflösen, wenn diese Menschen sich selbst lieben lernen. Darum steht das Annehmen von sich selbst und sich selbst lieben lernen immer wieder im Fokus von Therapien. Indem man sich selbst liebt, entwickelt sich Eigenakzeptanz, die mit dem Selbstwert eng verbunden ist.

Leider erfahren Menschen durch ihre Erziehung, dass Eigenliebe eine negative Eigenschaft ist und dadurch nur Schwierigkeiten entstehen. Eigenliebe ist aber etwas Wundervolles, weil Menschen sich so kompromisslos akzeptieren, mit allen Stärken und Schwächen und nicht in eine Rolle schlüpfen, in der sie gerne gesehen werden.

Wer die eigene Persönlichkeit nicht stärkt und seine Fähigkeiten ausbaut, nur um allen zu gefallen, kommt nicht in Einklang und führt kein zufriedenes Leben. Das betrifft aber nicht nur Sie selbst. Wer keine Liebe für sich selbst empfindet, kann auch keine anderen Menschen lieben oder toll finden.

Fangen Sie damit an, dass Sie sich Ihre Stärken vor Augen führen, diese toll und großartig finden. Damit lassen sich eigene Schwächen einfacher verzeihen. Illusionen und Blauäugigkeit genauso wie Selbstzweifel sind dabei fehl am Platz. Selbstkritisch dürfen Sie allerdings ruhig sein, um einen neuen Blickwinkel auf Ihre Stärken und Schwächen zu erlangen.

Sie erfahren Liebe von Menschen, weil Sie so sind wie Sie sind, mit allem was dazugehört. Verinnerlichen Sie das.

Mit diesem Wissen steigern Sie Ihren eigenen Wert und das Bewusstsein über Ihre Fähigkeiten.

Hören Sie auf nach Fehlern zu suchen und darüber nachzudenken. Genießen Sie lieber die Freiheit ohne gedankliche Einschränkungen. Stehen Sie zu sich selbst und zeigen Sie allen, wie Sie in Wirklichkeit sind.

Beziehung zwischen Selbstbewusstsein und Selbstwertgefühl

Für die Entwicklung eines Menschen wird durch Gene und Erfahrungen bereits in den ersten Lebensjahren der Grundstein gelegt. Dieser ist ausschlaggebend dafür, welche Haltung sich selbst gegenüber entwickelt und eingenommen wird. Das vorhandene Selbstwertgefühl ist später noch ausbaubar, wenn vorhandene Grenzen akzeptiert und bestehende Stärken ausgebaut werden.

Durch das Selbstbewusstsein hat die Psyche eine Eigenschaft erhalten, die für die Prägung von Haltung, Reaktion, Gestik und Mimik verantwortlich ist. Selbstbewusste Menschen empfinden Freude anders. Und genau diese anderen Empfindungen stärken wiederum das Selbstbewusstsein. Damit stellt sich automatisch größere Neugier, Offenheit und Interesse an neuen Erfahrungen ein.

Dadurch vergrößert sich gleichzeitig Harmonie, Freude und Glück, die letztendlich zu einem zufriedeneren Leben führen. Fehlt es an einem ausgeprägten Selbstbewusstsein, macht sich schnell Antriebslosigkeit und Mutlosigkeit breit. Sie fühlen sich in jeder Hinsicht inkompetent und verstecken sich lieber als in die Offensive zu gehen und Herausforderungen anzunehmen. Es entwickelt sich Schamgefühl, das Ihre Persönlichkeit noch weiter abwertet. Die Folgen eines geringen Selbstbewusstseins und Selbstwertgefühls können sogar Auslöser für psychische Erkrankungen wie Essstörungen und Depressionen sein.

Wie funktioniert Selbstwertgefühl?

Selbstwertgefühl braucht eine bestimmte Einstellung gegenüber der eigenen Person. Denn es gibt kein Urteil, das gefällt wird und wichtiger ist als das Urteil, welches Sie selbst über sich fällen. So wie Sie sich selbst beurteilen und einen Bezug zur eigenen Person herstellen, ist ausschlaggebend dafür, ob Sie erfolgreich im Job sind, in einer glücklichen Beziehung leben und wie Sie mit Herausforderungen umgehen.

Die Funktionsweise des Selbstwertgefühls stellt einen inneren Schutzschild dar. Der Glaube an die eigenen Chancen ist untrennbar damit verbunden. Dadurch entsteht die Überzeugung, die eigene Umwelt beeinflussen zu können.

Die Überzeugung und der Glaube spenden Energie und Kraft und stellen die Möglichkeit bereit, dass Schwierigkeiten und Herausforderungen zu bewältigen sind. Wenn Menschen keinen Glauben daran haben, dass sie Dinge bewältigen können, grundsätzlich einen guten Charakter haben, liebenswert und wirksam auf die eigene Umwelt sind, wird die Welt zu einem kalten, furchteinflößenden Ort. Nathaniel Branden, ein kalifornischer Psychotherapeut vertritt diese Überzeugung.

Für den Selbstwert ist Anerkennung von außen wichtig. Sie beeinflusst das Selbstwertgefühl, da sich Menschen für die Dinge, die sie machen, Wertschätzung wünschen. Das Alter ist unwichtig. Denn bereits in der frühesten Kindheit wird das Selbstwertgefühl durch Wertschätzung bereits beeinflusst. Darum liegen die Gründe für ein schwaches Selbstwertgefühl in der Kindheit, weil eigene Bedürfnisse nicht befriedigt wurden.

Die Eltern tragen zur Entwicklung eines starken Selbstwertgefühls maßgeblich bei. Sie vermitteln dem Kind, dass es ein wertvoller, geliebter Mensch ist. Kinder entwickeln damit eine innere Stärke und ein Gefühl von Sicherheit.

Auch der Umgang zwischen Eltern und Kind ist nicht zu unterschätzen. Gehen Eltern wenig respektvoll mit den kleinen Menschen um, stellen es bloß und verspotten es, erleidet das Selbstwertgefühl großen schaden. Bei den Kindern stellt sich die Überzeugung ein, dass es nicht richtig ist, so wie sie sind. Die Selbstzweifel sind so tief verwurzelt und begleiten den Menschen im Erwachsenenalter immer noch.

Beruf zur Selbstverwirklichung nutzen – ein fataler Fehler

Eine Vielzahl von Menschen definiert sich über die Dinge, die sie haben. Sie haben ein Haus, einen tollen, gut bezahlten Job und fahren ein schickes Auto. Über diese Werte legen sie ihren Stellenwert, Rang und Status in der Gesellschaft fest.

Jeder kann sich frei entscheiden, über welche Dinge er sich definiert. Doch gerade die beschriebenen Werte können in turbulenten Zeiten in Schieflage geraten. In solchen Fällen beginnt auch das persönliche Selbstwertgefühl zu bröckeln.

- Die Krise im Job wird zu einer ausgewachsenen Persönlichkeitskrise.
- Gibt es eine Kündigung im Job, erwächst daraus ein Gesichtsverlust, der bis zur gesellschaftlichen Ablehnung führt.

Es ist eine große Demütigung, wenn bei einem gesellschaftlichen Anlass nach dem Job gefragt wird und Sie nur mit einem Achselzucken antworten können. Jahrelanger Erfolg, stetiger Aufschwung und kontinuierliches Wachstum führt zwar zu Wohlstand und Glück, sind aber gleichzeitig auch äußerst gefährlich, wenn übersteigerte Erwartungen ein Ungleichgewicht hervorrufen. Wer Anerkennung, Erfolg und Geld als Selbstverständlichkeit hinnimmt, glaubt fest daran, dass es immer so weitergeht.

Diese Denkweise ist aber mit Fehlern behaftet, die die Sichtweise verändern. Geschaffene Werte werden nicht mehr als Ergebnis der eigenen Bemühungen, Ziele und Resultate gesehen. Sie werden zur Selbstverständlichkeit, die immer so bleiben soll und nicht unterschritten werden möchte.

Ein grundsätzlich falscher Weg um das Selbstwertgefühl zu stärken ist die Selbstverwirklichung im Job. Denn der Beruf wird zur Messlatte, an der die Selbstbestätigung gemessen wird. Dieser Pfad führt Sie in die Irre und letztendlich in die Sinnkrise.

Selbstzweifel nagen am Selbstwertgefühl

Ein geringes Selbstwertgefühl wird zusätzlich durch die Selbstzweifel belastet. Die innere Stimme entwickelt sich zu einer mächtigen Hyäne, die erbarmungslos schlechte Leistungen tadelt und bestraft. Ein Mangel an Selbstwertgefühl sorgt dafür, dass Sie sich stetig Ihre eigenen Fehler und Schwächen vor Augen führen. Sie haben Schwierigkeiten, Komplimente anzunehmen und sich über schöne Momente zu freuen. Im Mittelpunkt stehen gefällt Ihnen gar nicht. Ihre Erwartung ist, dass Sie Ablehnung erfahren. Wenn ein Freund oder Bekannter Sie auf Abstand hält, kommen Sie zu dem Entschluss, dass Sie einen Fehler gemacht haben.

Ein geringes Selbstwertgefühl verleitet dazu, immer Beweise zu suchen, mit denen Sie eine

Bestätigung für die eigene schlechte Beurteilung erhalten.

Ihnen fehlen auch vielleicht Erfahrungen, in denen Sie erlebt haben, dass Sie Herausforderungen erfolgreich meistern können.

Es gibt verschiedene Sätze, die in Ihrer Denkweise manifestiert sind. Sie sind Saboteure, die Ihren Selbstwert immer wieder infrage stellen.

- Dafür bin ich nicht gut und schön genug.
- Das ist zum Scheitern verurteilt.
- Was denken wohl andere Menschen über mich.
- Ich bin nicht klug genug.
- Die Umstände machen mich zum Opfer.
- Ich bin zu alt für sowas.
- Mein Vorhaben könnte scheitern.
- Ich bekomme keine Möglichkeit, mich zu beweisen.
- Keiner hat mich gern.

- Ich habe Erfolg nicht verdient.

Kennen Sie diese Sätze? Sie sind das Ergebnis eines geringen Selbstwertgefühls und drücken deutlich Ihre Selbstzweifel aus. Sie sind der Bremsklotz, der Sie daran hindert, alle Möglichkeiten auszuschöpfen. Sie trauen sich nicht, über den eigenen Schatten zu springen und stehen sich bei der Verwirklichung Ihrer eigenen Lebensidee damit im Wege. Um neue und ungewohnte Situationen machen Sie einen großen Bogen.

Wer sich nach außen hin selbstsicher gibt und innen von Selbstzweifeln zerfressen wird, trägt eine schwere Last, der nicht nötig ist. Das wurde bei einer Studie der Universität in Athens Georgia herausgefunden. Das Ergebnis der Studie besagt, dass falsche Selbstsicherheit zur Kompensierung von Selbstzweifeln führt, aus der sich eine überspitzte Verteidigungsstrategie entwickelt. Menschen in Ihrem Umfeld empfinden das als unsympathisch und verlogen.

Die daraus resultierende Wirkung ist wie eine Gehirnwäsche, die Sie selbst bei sich durchgeführt haben.

Die neuen Medien und sozialen Netzwerke tragen dazu bei, dass Menschen sich immer mehr mit anderen Menschen vergleichen. Dabei fällt auf, dass andere augenscheinlich schöner, klüger und besser sind. Daraus erwächst Neid, Missgunst, Bösartigkeit und Trägheit. Hinter diesen Gefühlen verbirgt sich vielfach Angst davor, Ablehnung zu erfahren. Sie möchten wenigstens auf der gleichen Ebene stehen und nicht eine Stufe darunter. Doch einmal genau betrachtet sind Sie nicht auf der gleichen Ebene, da Sie abhängig vom Zuspruch anderer sind. Ein schlechtes Fundament, um das Selbstwertgefühl zu stärken.

Die erste Silbe des Wortes Selbstwertgefühl bringt zum Ausdruck, dass die Verantwortung bei Ihnen „selbst" liegt und bringt den eigenen Maßstab zum Ausdruck.

Die eigene Wertschätzung müssen Sie erst einmal erlangen. Vielleicht sind die folgenden Empfehlungen hilfreich.

Machen Sie Ihre Fähigkeiten zu Ihrem Glaubensbekenntnis!

Selbstzweifel überwinden und Selbstwertgefühl stärken gelingt Ihnen, wenn Sie die Erkenntnis erlangen, dass Ihre Lebensidee und Ziele gut für Sie sind. Indem Sie die Dinge infrage stellen, erreichen Sie nicht das, was Sie in Ihrem Leben erreichen könnten. Auch wenn Erfolg die Ausstrahlung nährt, kommen Ruhm und Strahlkraft aus Ihrem Inneren. Das hört sich vielleicht wie eine esoterische Weisheit an, hat aber damit nichts gemeinsam.

Schauen Sie sich große Persönlichkeiten wie Steve Jobs, Barak Obama, Martin Luther King und viele weitere an. Sie alle eint der uneingeschränkte Glaube an sich selbst und ihre Visionen. Sie haben es nicht in die Wiege gelegt bekommen, sondern erlernen. Ihnen gelingt das auch, indem Sie sich folgende Lektionen zu Herzen nehmen:

1. Komplimente mit Freude annehmen:
Wer nur wenig Selbstwertgefühl hat, kann mit Komplimenten nicht umgehen. Nelson Mandela hat in seiner Antrittsrede 1994 dafür die passenden Worte gefunden:

Zitat: *„Es ist nicht unser Licht, nicht unsere Dunkelheit, die uns am meisten erschreckt. Wir fragen uns: Wer bin ich, um brillant, großartig, talentiert und kraftvoll zu sein?"*

Von diesen Zweifeln werden sehr viele Menschen gequält. Wird ein Kompliment gemacht, kommt es im selben Moment zu einer Abwehrreaktion. Ihre innere Stimme sagt Ihnen, dass Sie bestimmt nicht damit gemeint sind. Das vernichtende Urteil über die eigene Person boykottiert das Akzeptieren des Kompliments.

Nelson Mandela gab seinen Zuhörern gleich eine Lösung für das Problem an die Hand:

Zitat: *„Frage lieber: Was machst du eigentlich, um das alles zu sein?"*

Diese Frage sollte für Sie zur Routine werden! Damit lernen Sie Komplimente zu akzeptieren und erhalten gleichzeitig einen Anstoß, bei sich selbst noch einmal genauer hinzuschauen.

2. Vergleichen Sie sich nicht mit anderen: Mit ständigem Vergleichen schüren Sie Ihre Selbstzweifel. Um etwas zu verändern, sollten Sie aufhören sich ständig zu fragen, warum Sie alle diese Dinge nicht haben, die andere besitzen. Diese und ähnliche Fragen führen nur dazu, dass Sie dem Trugschluss verfallen, das nicht verdient zu haben und sich zukünftig nichts ändern wird. Schnell werden die anderen Menschen auf einen Sockel gestellt. Das Gesamtbild fällt aus der Betrachtungsweise heraus.

Wahres, ehrliches Selbstwertgefühl kommt von innen und vor Ihrer eigenen Einstellung zu Ihnen selbst und ist kein Wettbewerb, um im Vergleich mit anderen besser abzuschneiden.

3. Schauen Sie nach Ihren Stärken: Jeder Mensch kann etwas besonders gut und wird dafür mit Erfolg belohnt. Es geht dabei nicht darum sich einzureden wie toll, stark und gut Sie sind. Schauen Sie nach Ihren Stärken, Erfolgen und Situationen, die Ihnen ein stolzes Gefühl vermitteln. Wenn Ihnen gerade nichts einfällt, stehen Sie sich sicherlich gerade selbst im Blickfeld, um diese Dinge zu sehen. Ihre Freunde und die Familie können Ihnen dabei aber auf die Sprünge helfen.

4. Nutzen Sie kleine Erfolgserlebnisse als Katalysator: Erreichbare, realistische Ziele sind eine gute Möglichkeit, um Selbstzweifel zu überwinden und den Selbstwert zu steigern.

Indem Sie Ihr Vorankommen aufschreiben, übernehmen Sie Verantwortung, sehen die Erfolge und stärken Ihre eigene Einstellung gegenüber sich selbst und Ihren einzigartigen Fähigkeiten.

Ein kleines Beispiel: Wenn Sie sich in einem Meeting einbringen, Ihren Vorschlag präsentieren und die Erfahrung machen, ernstgenommen zu werden, stellt sich pure Motivation ein, neue Herausforderungen anzunehmen. Sie haben den Glauben daran, dass Sie diese auch meistern können.

5. Treffen Sie Vorkehrungen für kritische Situationen: Es gibt immer wieder Erlebnisse und Erfahrungen, in denen das Selbstwertgefühl ins Wanken gerät. Dazu gehören Kränkungen und Ablehnung, die Sie durch Ihr Umfeld erfahren. Durchforsten Sie Ihre Erinnerungen und greifen Sie die Situationen auf, die sich häufig wiederholt haben und gehen Sie diese gedanklich noch

einmal durch. Vielleicht haben Sie erlebt, dass
ein Kollege mit seiner Kritik sehr verletzend ist.
Dass Sie sich in dieser Situation extrem verletzt
fühlen liegt daran, weil Sie unzufrieden mit
Ihrer Reaktion sind. Wie hätte Ihre Reaktion
denn aussehen sollen? Legen Sie Grenzen fest,
die andere nicht überschreiten dürfen und
suchen Sie passende Worte, um auf solche
Attacken zu reagieren. Das verleiht Ihnen ein
Stück weit Sicherheit.

6. Zähmen Sie Ihren inneren Zweifler: Der
innere Schweinehund versucht Sie immer
wieder zu beeinflussen, so dass Sie sich als
Versager fühlen. Sie gehen mit sich selbst sehr
hart um und sehen nur noch Schwarz.
Versuchen Sie die Situation einmal von außen
zu betrachten. Dann sehen Sie auch die vielen
verschiedenen Graustufen und sogar
leuchtendes Weiß. Was würden Sie machen,
wenn ein Herzensmensch in die gleiche
Situation gerät?

Sie reagieren deutlich empathischer und gehen mit der anderen Person nicht so gnadenlos um, wie Sie es mit sich selbst machen. Nutzen Sie diese Erkenntnis und behandeln Sie sich so, wie Sie diese andere Person behandeln würden.

7. Seien Sie ein Helfer für Ihre Mitmenschen: Bei einem Experiment wurden Studienanfänger, die in einer Wohngemeinschaft lebten, beobachtet. Das Experiment hat Jennifer Crocker durchgeführt. Einer der Mitbewohner bekam die Aufgabe, andere gezielt zu unterstützen und ihnen Hilfestellung zu geben. Nach einiger Zeit wurde aus der Zweckgemeinschaft eine richtige Wohngemeinschaft, wo sich gegenseitig geholfen und unterstützt wurde. Diese Erfahrung steigert das Selbstwertgefühl enorm, fand Crocker heraus. Ihrer Meinung nach ist das Geben dafür verantwortlich. Denn wer gibt und Gutes tut, fühlt sich selbst gleich viel besser.

8. Erfolge feiern und sich selbst belohnen: Es kommt viel zu selten vor, dass Erfolge gefeiert und sich dafür belohnt wird, selbst wenn es nur ein kleiner Erfolg ist. Diejenigen, die ein schwaches Selbstwertgefühl haben, konzentrieren sich viel zu sehr auf die negativen Dinge im Leben. Hören Sie auf, negativen Dingen das Ruder zu überlassen und fangen Sie endlich an,

schöne Momente zu genießen.

Um sich selbst zu motivieren, sind Spickzettel ideal. Sie erinnern Sie daran, dass Sie Ziele erreichen können. Schreiben Sie sich Motivationssprüche auf und positionieren Sie diese in Ihrer Wohnung, damit Sie sie immer im Blick haben.

9. Fangen Sie endlich an Dinge zu machen, die Sie lieben: Rappeln Sie sich auf und machen Sie Dinge, die Ihnen Spaß machen und große Freude bereiten. Damit erlangen Sie innere Zufriedenheit.

Sie erreichen mit der Zeit einen Punkt, an dem Sie mit sich selbst und Ihren eigenen Wertvorstellungen im Einklang sind. Sie haben es geschafft, die Kluft zwischen dem was Sie sind und was Sie sein wollen zu überwinden. Genau diese Kluft macht Menschen unglücklich.

Selbstachtung stärken

Die Behauptung, dass eine andere Person das letzte Stückchen Selbstachtung verloren hat, ist schnell ausgesprochen. Oftmals ist diese Behauptung nur Mittel zum Zweck, um das eigene Selbstbild zu puschen und sich besser zu fühlen. Schwieriger wird es aber, wenn Sie hinterfragen, wie es mit der eigenen Selbstachtung aussieht. Fehlender Respekt und Selbstachtung äußert sich auf viele Weise. Mit etwas Mut können Sie erkennen, wie es um Ihre Selbstachtung bestellt ist. Mit der Erkenntnis sind Sie in der Lage, Ihre Selbstachtung zu stärken.

Doch was ist Selbstachtung und was verbirgt sich dahinter? Wenn Sie bei Wikipedia nach Selbstachtung suchen, werden Sie keine spezielle Definition finden, sondern auf die Definition und Beschreibung von Selbstwert verwiesen.

Dort steht geschrieben:

Zitat:

„Unter **Selbstwert** (auch: **Selbstwertgefühl**,
Selbstwertschätzung,
Selbstachtung, Selbstvertrauen,
Selbstsicherheit) versteht
die Psychologie die Bewertung, die man von
sich selbst hat."

Selbstsicherheit und Selbstvertrauen finden
eine trennscharfe Verwendung, die sich auf die
Kompetenzüberzeugungen beziehungsweise auf
die Fähigkeit des Individuums bezieht und als
Teilkomponente des Selbstwerts zu sehen ist.

Eine hohe oder niedrige Selbstachtung
(Selbstwert) ist Ausdruck dafür, wie stabil oder
instabil die Person ist. Dazu kommt, ob sie das
weiß oder nicht. Ursache für Stabilität oder
Instabilität ist, inwieweit Vertrauen in die
eigenen Fähigkeiten vorhanden ist.

Dazu gehört auch das Abschätzen aufgrund von Erfahrungswerten, um in bestimmten Situationen den richtigen Weg einzuschlagen. Selbstachtung taucht vielfach im Zusammenhang mit Selbstwertgefühl und Selbstbewusstsein auf. Allerdings muss eine klare Abgrenzung erfolgen, da Selbstachtung nicht mit krankhaftem Egoismus oder Arroganz gleichzusetzen ist. Achtung vor sich selbst beschreibt in keinster Weise, dass Sie über jeden Zweifel erhaben sind. Selbstachtung ist vielmehr ein liebevoller, respektvoller Umgang mit der eigenen Person.

Ein kleines Beispiel: Sie werden gefragt, wie Ihr Verhalten gegenüber einer Person aussieht, die Sie respektieren, wertschätzen und deren Leistung Sie anerkennen. Vermutlich fällt Ihre Reaktion freundlich aus. Der Umgang mit dieser Person ist erstrebenswert. In einigen Punkten mischt sich Anerkennung und Bewunderung mit ein.

Und genau das ist Selbstachtung! Damit wird zum Ausdruck gebracht, wie Ihre Eigenwahrnehmung ist und wie Sie sich selbst behandeln. Dieses Konzept wird aber zum schwierigen Unterfangen, wenn nur eine geringe oder gar keine Selbstachtung vorliegt. Sie ist die Grundlage für ein positives Bild von sich selbst und sorgt für ein ausgeprägtes Selbstwertgefühl. Leider haben nicht alle Menschen eine hohe Ausprägung. Darum wird Tun und Handeln ständig von Selbstzweifeln begleitet und hinterfragt. Die Meinung anderer nimmt einen höheren Stellenwert ein. Die eigenen Bedürfnisse rücken in den Hintergrund und werden nicht mehr wahrgenommen. Stattdessen lassen Sie sich viele Dinge gefallen, die Sie verletzen und Ihnen nicht guttun.

Wie äußert sich wenig Selbstachtung?

An Ihren eigenen Gedanken können Sie feststellen, wie es um Ihre Selbstachtung bestellt ist. Das Selbstbild rutscht immer weiter ins Negative. Sie kümmern sich nicht mehr um Ihre eigenen Bedürfnisse und lassen gleichzeitig zu, von anderen schlecht behandelt zu werden, obwohl Sie das gar nicht verdient haben.

Auch durch Ihr Verhalten zeigen Sie, dass es um Ihre Selbstachtung nicht gut bestellt ist. Vor Ihrer Umwelt bleibt das nicht verborgen:

- Sie versuchen erst gar nicht die Ärmel hochzukrempeln und etwas zu bewegen, weil sich die Denkweise manifestiert hat, dass Sie sowieso keine Chance haben.
- Sie sprechen nicht das aus, was Ihre Meinung ist, sondern sagen etwas völlig anderes.
- Sie machen sich kleiner, als Sie sind, anstatt hinter Ihren eigenen Standpunkten und sich selbst zu stehen.
- Sie halten sich für nebensächlich und bleiben daher lieber im Hintergrund.
- Wenn Ihr Körper Alarm schlägt, wird das einfach ignoriert.
- Sie bleiben lieber sitzen, anstatt aufzustehen und sich aus der misslichen Lage zu befreien.
- Sie achten nicht mehr auf sich selbst und schauen auch nicht, wie andere Menschen Sie wahrnehmen.

Wenig Selbstachtung beruht darauf, dass selbst das Mindestmaß an Selbstakzeptanz nur eine geringe Ausprägung hat. Der Platz, der für die Selbstachtung vorgesehen ist, wird von Selbstverachtung, Selbstabwertung und geringschätzen der eigenen Person eingenommen. Ist Selbstachtung erst einmal komplett verdrängt, haben Sie das Gefühl, als ob Respekt vor der eigenen Person nie dagewesen wäre.

Selbstachtung lässt sich aber wieder aufbauen. Sie haben komplett den Respekt vor der eigenen Person verloren. Der Verlust der Selbstachtung kann auf frühen Kindheitserlebnissen und unbefriedigten Bedürfnissen beruhen, genauso wie im späteren Alter durch gewisse Umstände eintreten. Um die Gründe herauszufinden, warum es Ihnen an Selbstachtung fehlt, sind nur zwei Fragen wichtig:

- Welche Erfahrungen haben Sie in Ihrem Leben gemacht?
- Nach welchen Kriterien beurteilen Sie Ihren eigenen Wert?

Neben den Erfahrungen, die Sie in Ihrem Leben gemacht haben, spielt der richtige Umgang mit Rückschlägen und Fehlern eine wichtige Rolle. Auf der einen Seite stoßen gemachte Fehler einen spannenden Lernprozess an, sodass Sie aus der Situation gestärkt hervorgehen. Andererseits können Sie vor Leid zerfließen, sich von allen Dingen zurückziehen und die Situation einfach als unveränderbare Gegebenheit hinnehmen.

In letzterem Fall mutieren die Fehler zum Maßstab, an dem Sie die eigene Person messen. Damit erzeugen Sie den Effekt, dass die Selbstachtung abnimmt.

Die eigene Definition der Persönlichkeit gestaltet sich negativ. Sie halten sich für schlecht, unfähig, dumm und wenig liebenswert. Darum ist es so wichtig, den Selbstwert zu stärken und Selbstachtung zu erlangen, um kraftvoll und energiegeladen die eigene Lebensidee umzusetzen.

Zitat: *„Unterlegen ist man im Leben erst dann, wenn man seine Selbstachtung definitiv verloren hat."* Marcel Proust

11 Schritte, um die Selbstachtung wiederzuerlangen

Diese 11 Schritte zeigen Ihnen einen guten Weg, um sich selbst annehmen zu lernen. Nutzen Sie diese als Ihr persönliches Mantra und verfolgen Sie den damit angestoßenen Richtungswechsel, um die Selbstachtung zu stärken. Natürlich wird es sich nicht immer leicht und angenehm gestalten. Führen Sie sich aber auch vor Augen, dass jeder liebenswert und wertvoll ist. Alle Menschen haben Macken und Fehler sind da, um gemacht zu werden, um anschließend über sich hinauszuwachsen.

1. Erkennen und bewahren Sie sich Ihre Werte und Ideale!

2. Verlieren Sie niemals Ihre Träume und Ziele aus dem Blickfeld und verfolgen Sie diese konsequent!

3. Sprechen und denken Sie immer positiv über sich selbst!

4. Zeigen Sie Dankbarkeit für die Dinge, die Sie haben und die Sie richtig gut können!

5. Verlassen Sie sich auf Ihre Instinkte!

6. Wenn sich etwas nicht richtig anfühlt, lassen Sie die Finger davon!

7. Nehmen Sie „NEIN" wieder in Ihren Wortschatz auf!

8. Es allen recht machen zu wollen können Sie bleiben lassen!

9. Trennen Sie sich von Dingen, über die Sie keine Kontrolle haben!

10. Meiden Sie negative Personen!

11. Lassen Sie sich Ihre Strahlkraft nicht nehmen, nur weil andere davon geblendet werden und damit nicht umgehen können!

Auf dem Weg zu mehr Selbstachtung und einem stärkeren Selbstwertgefühl wird Ihnen auffallen, wie stark Sie selbst Ihr eigenes Potenzial limitiert haben. Sie haben die Denkweisen anderer zu Ihren eigenen gemacht und sich damit in Ihrer Persönlichkeitsentwicklung Fesseln angelegt. Die destruktive Kritik, die Sie an diesen Punkt gebracht hat, hat Sie lange Zeit begleitet und lässt sich nicht einfach beiseiteschieben. Allerdings können Sie einen neuen Blickwinkel darauf erhalten, indem Sie erkennen, dass Sie an diesen negativen Erfahrungen über sich hinauswachsen können.

Nehmen Sie sich mit allen Stärken, Schwächen und Eigenarten an und erlauben Sie sich endlich das wahre „Ich" kennen und lieben zu lernen.

Negative Denkmuster ablegen und Selbstachtung stärken

Genauso wie sich der Verlust der Selbstachtung schleichend eingestellt hat, dauert es auch eine gewisse Zeit, um diese wieder aufzubauen und zu stärken. Sie haben sich viele Jahre lang eine negative Denkweise und Denkmuster angeeignet. Mit einem Fingerschnippen tritt keine Veränderung ein. Ihnen ist aber klar geworden, dass großer Handlungsbedarf besteht. Das ist die beste Grundvoraussetzung, die es gibt. Mit der Erkenntnis stellt sich auch die nötige Motivation ein, um anzufangen und durchzuhalten. Gerade, wenn Sie positiv über sich denken und dieses regelmäßig wiederholen, beginnt sich das Unterbewusstsein zu festigen. Positive Gedanken über sich selbst machen sich breit und lassen negativen Denkweisen keinen Raum, um die Oberhand zu gewinnen.

Die eigenen Fehler akzeptieren

Eigene Fehler werden meist höher eingestuft, als die Fehler, die andere Menschen machen. Schuld daran ist, dass Sie täglich daran erinnert werden und sich selbst gut genug kennen. Zudem erwarten Sie von sich selbst bedeutend mehr, als Sie von anderen erwarten. Dieser ausgewachsene Perfektionismus ist ungesund, weil kein Mensch in der Lage ist, diesem gerecht zu werden. Lassen Sie ruhig Gnade walten und betrachten Sie sich realistisch und wohlwollend, mit allen Stärken und Schwächen. Das, was Sie anderen zugestehen, sollten Sie genauso für sich selbst in Anspruch nehmen. Wenn schwierige Situationen auftreten, zeigen Sie sich selbst, dass Sie Mitgefühl haben und spenden Sie sich selbst Trost. Sie sind ein wertvoller Mensch. Also geben Sie sich diese Wertschätzung!

Ihre eigene Persönlichkeit ist das Wichtigste!

Selbstachtung wird immer wieder vom Umfeld abhängig gemacht. Gibt es auf die eigene Person positives Feedback von anderen Menschen, stellt sich ein Gefühl von Selbstachtung ein. Diese empfundene Selbstachtung kommt aber nicht von Ihnen selbst, sondern von außen und birgt viele Risiken. Erleben Sie Kritik von außen oder kommt es zu Meinungsverschiedenheiten, verändert sich nicht der Wert Ihrer Person.

Wahre Selbstachtung baut auf dem Vertrauen in sich selbst auf. Auf Zuspruch von außen sind Sie gar nicht angewiesen. Wenn Sie das erkennen, haben Sie den ersten Schritt Richtung ausgewogener Selbstachtung gemacht.

Klare Abgrenzungen schaffen!

Menschen mit einer geringen Selbstachtung werden herumgeschubst und als Prellbock genutzt, weil sie denken, dass sie es nicht anders verdient haben. Um aus dieser Spirale herauszukommen, müssen Sie Ihren Mitmenschen klare Grenzen aufzeigen. Bis hierhin und nicht weiter! Sie sind kein Pausenclown und müssen sich nicht alles bieten lassen. Zeigen Sie der Familie, Freunden und Kollegen, dass Sie sich selbst schätzen, sich wehren können, zu Ihrer Meinung und Ihren Ansichten stehen. Grenzen brauchen Sie aber auch für sich selbst. Denn damit gelingt es Ihnen, Ihre Selbstachtung aufrechtzuerhalten. Beobachten Sie, dass Sie wieder in alte Verhaltensmuster zurückfallen, ziehen Sie die Notbremse!

Selbsteinschätzung – ein Fremdling, der Ihnen täglich begegnet

Viele Menschen hegen den Glauben, dass sie sich, ihren Charakter, die Stärken und Schwächen genau kennen. Doch in Ihnen wohnt dieser Fremdling, der Ihnen täglich begegnet. Er trägt den Namen Selbsteinschätzung und zeigt Ihnen, dass das Leben aus einer langen Reihe von Fehleinschätzungen und Irrtümern besteht.

Menschen glauben, dass sie sich in wichtigen Dingen des Lebens auskennen und genau über die eigenen Stärken und Schwächen Bescheid wissen. Es wird sich der Illusion hingegeben, dass eines Tages der Job kommt, der genau auf sie zugeschnitten ist. Das gleiche gilt für Ihre neuen Lebensideale.

Denn es wird davon ausgegangen, dass das eigene Wissen um sich selbst und eine hohe Selbsteinschätzung ausreicht, um als starke Persönlichkeit gesehen zu werden.

Wie schon öfters übernimmt die Wissenschaft die Spielverderberrolle und bringt es für jeden verständlich auf den Punkt. Die Psychologen der Ohio State University Jean Guerrettaz und Robert Arkin haben nämlich folgende, schmerzhafte Botschaft parat:

Der Mensch kennt sich mehr als schlecht, kann sich dementsprechend nur kaum richtig einschätzen und hat kein Wissen darum, wer dieser Fremdling ist, der sie das ganze Leben lang begleitet. Wenn Sie einen selbstsicheren Typen aus der Fassung bringen wollen, brauchen Sie ihn nur mit Fragen zum eigenen Selbst zu konfrontieren.

Das zusammengestrickte Bild von sich selbst beginnt sich aufzulösen und in diesem Moment macht sich die Einsicht breit, dass die eigene Einschätzung auf wackeligen Beinen steht. Dieses berichten die beiden Psychologen im Self and Identity Fachblatt.

Doch was ist eigentlich Selbsteinschätzung? Es gibt immer ein Selbstbild und ein Fremdbild und genau dazwischen liegt meist die Wahrheit verborgen. Sie zu finden gestaltet sich nicht einfach und erfordert mitunter eine ganze Menge Mut. Denn im Hinblick auf die eigene Person kommen nicht nur Talente, Fähigkeiten und Möglichkeiten zutage, sondern auch Schwächen, Fehler und Grenzen, die am liebsten unter den Teppich gekehrt werden. Zur richtigen Selbsteinschätzung gehören aber auch die negativen Seiten, die zusammen mit den positiven Dingen ein realistisches Bild ergeben. Wikipedia beschreibt Selbsteinschätzung folgendermaßen:

Zitat: „*Selbsteinschätzung ist die Fähigkeit der eigenen Person, sich im Hinblick auf Persönlichkeitseigenschaft, Fähig- & Fertigkeiten u.Ä. selbst einzuschätzen.*"

Wird Selbsteinschätzung in Verbindung mit einem Lernkontext gebracht, geht es um eine Bewertung der Ergebnisse, die der Lernprozess mit sich bringt. Zugrunde liegen dabei bekannte Kriterien und Ziele.

Beide Fälle setzen eine Bestandsaufnahme voraus, der oftmals eine Bewertung folgt. Es gibt immer zwei Seiten. Auf der Vorderseite der Medaille steht die Selbsteinschätzung und auf der Rückseite die Selbstbewertung. Diese Sichtweise führt nicht immer zum Ziel, weil sich über Erfolge und Misserfolge keine Bilanz erstellen lässt. Realistisch betrachtet, schmälern letztendlich 10 Fehlversuche nicht den Erfolg, den Sie am Ende erreichen werden. Im Leben ist das nicht anders.

Wichtig ist doch nicht, was Sie alles können und erreicht haben, sondern was Sie tatsächlich aus Ihrem Leben gemacht haben! Darauf sollte auch der Fokus gelegt werden, um eine realistische Selbsteinschätzung zu erhalten.

Kennen Sie sich wirklich?

Menschen, die in jeden Topf hineinschauen und keine Chancen verstreichen lassen, sollten dabei eigentlich eine Menge über sich selbst erfahren. Doch wie schon geschrieben, sind die beiden Psychologen Arkin und Guerrettaz da ganz anderer Meinung. Diese begründet sich auf einem Experiment, das die beiden durchgeführt haben.

Die Probanden mussten sich dabei im ersten Schritt selbst beurteilen. Dafür haben sie zunächst zehn wesentliche Persönlichkeitsmerkmale benannt und nach ihrer Gewichtung aufgeschrieben. Im Anschluss daran wurden die Teilnehmer dazu aufgefordert, die Top-5-Eigenschaften mit Beispielen aus ihrem Lebenslauf genauer zu beschreiben. Ein böses Unterfangen: Diejenigen, die zuvor von ihren Fähigkeiten und Talenten überzeugt waren, hatten

Schwierigkeiten und kamen ins Stottern. Besonders aufgefallen ist zudem, das genau diejenigen, die zuvor am lautesten über die eigenen Fähigkeiten geschwärmt haben, ein desolates Selbstbewusstsein präsentierten. Dieses Ergebnis wird durch Studien der Psychologen Zlatan Kiran und Ethan Zell bestätigt. Nach Auswertung von Untersuchungen mit mehr als 200.000 Teilnehmern steht das Ergebnis fest: Die Mehrheit der Teilnehmer hält sich für besser, als sie in Wirklichkeit sind und fallen damit in die Kategorie „Hochstapler". Die anderen halten sich für übertrieben schlecht und gehören in die Kategorie Tiefstapler. Deutlich wird aber in beiden Fällen, dass die Selbsteinschätzung komplett an der Wahrheit vorbeigeht.

Selbsteinschätzung und Selbstwert – welche Bedeutung haben beide für Ihren persönlichen Erfolg?

Ihre Erfolge stehen in engem Zusammenhang mit Selbsteinschätzung und Selbstwertgefühl. Es kommt nicht nur große Freude auf, wenn Sie sich ein Ziel gesetzt und dieses erreicht haben. Zusätzlich werden Sie in Ihrem Glauben an die eigenen Fähigkeiten bestärkt und das ganz besonders, wenn sich immer und immer wieder Erfolge einstellen. Sie haben das Wissen darum, dass Sie es können und damit wächst das Selbstvertrauen.

Dieser schöne Effekt stellt sich sowohl im Job, wie auch im Privatleben ein, da jede Erfolgsserie das Selbstwertgefühl steigert. Die Medaille hat aber auch eine zweite Seite, die sich weniger schön gestaltet.

Wenn einmal nicht alles positiv läuft und Sie beispielsweise immer nur Absagen auf Ihre Bewerbungen bekommen, macht sich schnell der Gedanke breit, dass Sie niemand haben möchte. Gedanklich haben Sie die nächste Absage schon in Händen.

Das Selbstwertgefühl bekommt einen heftigen Seitenhieb. Eine Absage muss nicht an Ihrer Person oder Ihren Qualifikationen liegen. Vielleicht haben Sie nur die falsche Strategie verwendet, die Bewerbungsunterlagen an die falsche Zielgruppe geschickt, ohne sie vorher noch einmal auf das Stellengesuch anzupassen.

Die augenscheinlichen Misserfolge sollten Sie zur Korrektur sowie zur besseren Selbsteinschätzung nutzen und nicht darauf mit Geringschätzung reagieren. Eigentlich ist es doch so, dass Menschen Erfolg mit Ziele erreichen auf eine Stufe stellen.

Der Weg zur Zielerreichung ist aber mit wichtigen Erfahrungen, neuen Erkenntnissen und Lernerfolgen gepflastert, die bei der Selbsteinschätzung wertvolle Dienste leisten. Erfolg tritt nicht immer mit der gleichen Intensität ein. Dementsprechend sollte Sie die Frage des Blickwinkels einmal überdenken. Denn auch wenn Sie eine genaue Definition von Erfolg haben und die Ziele perfekt abgestimmt sind, kann es durchaus sein, dass Sie Erfolge nicht erkennen und eine falsche Selbsteinschätzung vornehmen.

Um diesem auf den Grund zu gehen, können Sie Freunde um ein Feedback bitten, sich selbst reflektieren und Ursachenforschung betreiben. Halten Sie immer im Hinterkopf, dass Misserfolge einen Grund haben. Manchmal müssen Menschen fallen, weil in diesen Abgründen etwas ist, um ihnen die Augen zu öffnen. Der sich daraus ergebende neue Blickwinkel verhilft Ihnen zu Selbsterkenntnis

und nimmt Sie an die Hand, um Ihre
Selbsteinschätzung zu überdenken und zu
stärken.

Selbsterkenntnis: stärken Sie Ihre Stärken!

Gerade im beruflichen Umfeld sind Stärken und Schwächen immer ein großes Thema. Dabei sind es nicht nur die sogenannten Hard Skills wie Berufsausbildung, Studium, Projektmanagement, Fremdsprachen, Qualifikationen, Weiterbildungen und EDV-Kenntnisse die thematisiert werden. Sie sind anhand von Belegen messbar. Dazu kommen aber noch die Soft Skills, die sich in keinster Weise mit einer Richterskala messen lassen. Gemeint sind damit unter anderem Toleranz, Offenheit, Teamfähigkeit, Neugier, Durchsetzungsvermögen, Gewissenhaftigkeit, Kommunikationsstärke, Empathie, Flexibilität, Sorgfalt und Eigeninitiativen. Um eine bessere Selbsteinschätzung zu erlangen, können Sie mithilfe eines Rasters Ihre Qualifikationen und Soft Skills, das Selbstbild und die Fremdeinschätzung miteinander vergleichen.

Bei einer anschließenden Reflexion sehen Sie Ihre Stärken und Schwächen.

Wer Schwächen positiv verändern möchte, wählt nicht gerade einen einfachen Weg.

Versuchen Sie doch besser Ihre Stärken zu stärken!

Erfolge erkennen und die Selbstwahrnehmung verbessern!

Durch einen stressigen Job, unendlich viele Meetings und dutzende Aufgaben, die neben der Arbeit noch zu erledigen sind, bleibt kaum Zeit zum Reflektieren. Selbst am Wochenende und an Feiertagen ist der Kalender voll mit privaten Terminen. Eine zielgerichtete Selbsteinschätzung und Wahrnehmung bleibt dabei völlig auf der Strecke. Wenn Ihnen Ihr Selbstwertgefühl und eine richtige Selbstwahrnehmung wichtig sind, sollten Sie sich ein paar Minuten Zeit nehmen, um Ihre Stärken und Schwächen genauer zu betrachten. Nachfolgend aufgeführte Hilfestellungen verfolgen zwei Ziele. Zum einen sollen Sie Ihnen erleichtern, Ihre Erfolge wahrzunehmen und zum anderen dabei helfen, Zeit für die Selbstreflexion in Ihrem Terminkalender zu schaffen.

Führen Sie ein Erfolgstagebuch!

Zu den Klassikern der Reflexionsmethoden gehört das sogenannte Erfolgstagebuch. Es ist eigentlich nichts anderes als eine Positivliste, in der Sie zu einem bestimmten Zeitpunkt am Tag fünf bis zehn Erfolge aufschreiben. Auch, wenn Ihnen das am Anfang schwerfällt. Mit der Zeit wird es zunehmend leichter. Sie sehen nicht nur die Erfolge, sondern werden sich Ihrer Stärken bewusst. Schreiben Sie für mindestens vier bis sechs Wochen Ihre Erfolge auf. Diese Zeitspanne ist wichtig, um im Alltag die erste Wirkung wahrzunehmen. Nach dieser Zeitspanne schadet es nicht, wenn Sie weiterhin das Tagebuch mit Ihren Erfolgen füllen.

Identifizieren Sie den Anteil Ihres Erfolgs bei Teamprojekten!

Ein großes gemeinschaftliches Projekt wurde erfolgreich abgeschlossen. Jetzt haben Sie die Gelegenheit dazu, sich darüber klarzuwerden, wie viel Sie mit Ihrer Arbeit zu diesem erfolgreichen Projektabschluss dazu beigetragen haben. Auch wenn es in erster Linie ein Teamerfolg ist, steckt dahinter das Zusammenwirken von unterschiedlichen Fähigkeiten. Und Ihre haben auch zum Erfolg beigetragen. Finden Sie für sich heraus, wie hoch der Anteil war, machen Sie sich diesen bewusst und feiern Sie Ihren eigenen Erfolg. Damit stärken Sie Ihre Selbstwahrnehmung.

Messen Sie Ihre Fortschritte

Wer eine mangelnde Selbsteinschätzung hat, dem fehlen mitunter Fortschrittsindikatoren und passende Maßstäbe, um den Fortschritt zu messen. Auch, wenn sich das jetzt kompliziert anhört. Es ist gar nicht schwierig.

Sie suchen sich nur Messgrößen und Kennzahlen, um den Weg Ihres Fortschritts zu erkennen. Dazu gehören auch die kleinen Erfolge, die Sie damit erst erkennen.

Belohnen Sie sich für Ihre Erfolge

Erfolge wahrnehmen ist die eine Seite. Erfolge belohnen, die andere. Sie haben es sich verdient, auch für kleine Erfolge eine Belohnung zu bekommen. Die Teilerfolge sind sogenannte Meilensteine, die es auch wert sind belohnt zu werden.

Damit erleben Sie selbst die Kleinigkeiten bewusster. Machen Sie Dinge, die Sie gerne machen, gehen Sie zu Ihrem Lieblingsitaliener essen, gönnen Sie sich eine Massage, einen Saunabesuch oder das Buch von Ihrem Lieblingsschriftsteller, dass Sie schon lange haben wollten.

Überprüfen Sie Ihren eigenen Anspruch

Wenn Sie keine Erfolge finden oder erkennen können, wird es Zeit, dass Sie Ihre Ansprüche an sich selbst einmal genau unter die Lupe nehmen. Wie sieht es mit Ihrem eigenen Maßstab aus, an dem Sie Ihre Erfolge messen? Legen Sie bei anderen Menschen die Messlatte genauso hoch? Warum nutzen Sie diesen Maßstab nicht für andere Menschen?

Sind Ihre Ansprüche realistisch? Unterziehen Sie Ihre Ziele einer sogenannten Machbarkeitsprüfung. Schnell werden Sie selbst auch Ihre Erfolge wahrnehmen.

Formulieren Sie Ihre Ziele mit der
S M A R T – Methode

Ziele lassen sich sehr gut mit der
SMART-Methode formulieren, wenn Sie zuvor
eine realistische Einschätzung der Machbarkeit
unterzogen und sinnvolle Fristen gesetzt haben.
Diese Methode wurde 1956 entwickelt. SMART
ist ein Akronym und steht für:

*S = spezifisch (Ziele so klar und
spezifisch formulieren, wie eben möglich)*

*M = messbar (bestimmen Sie qualitative
und quantitative Messgrößen)*

*A = attraktiv (Planen Sie so, dass Sie
Spaß daran haben, das Ziel zu verfolgen)*

*R = realistisch (Dinge, die sie sich
vornehmen, müssen in dieser Zeit
machbar sein)*

*T = termingerecht (planen Sie Ziele und
Aufgaben zeitlich bindend)*

Selbstwertgefühl - Bestandteil der Persönlichkeitsentwicklung

Die Persönlichkeit eines Menschen ist das, was ihn für andere interessant macht. Sie stellt ihn selbst und seine Denkweise dar, die er in Form seines Handelns für jeden sichtbar zur Schau stellt.

Die Persönlichkeit des Menschen entwickelt sich durch Reifungsprozesse, Erlebnisse, Erfahrungen und Sichtweisen, die mit den Jahren erlangt werden. Im Laufe eines Lebens verändert sich der Mensch stetig, wobei die Veränderung in zwei Kategorien zu unterscheiden ist. Es gibt die durchschnittliche Veränderung, die alterstypisch ist und mit dem Reifungsprozess beim Älterwerden zu tun hat.

Und dann gibt es die differenzierte, individuelle Veränderung, die durch neue Ziele, eine neu gestaltete Lebensidee und den Wunsch nach Selbstverwirklichung bewusst herbeigeführt wird. Durch die Veränderungen entstehen Persönlichkeitseigenschaften, mit denen Sie aus der Masse hervortreten. Sie sind einzigartig und genau auf Sie gemünzt. Darum werden Sie keinen anderen Menschen finden, der dieselben Persönlichkeitseigenschaften hat. Ähnlichkeiten sind aber durchaus drin.

Warum ist Persönlichkeitsentwicklung so immens wichtig? Durch das Leben, Erfahrungen, Erlebnisse, Herausforderungen und verschiedene Situationen, denen Sie begegnen, entwickeln Sie sich stetig weiter. Wenn dieses bewusst geschieht, erfolgt eine Auseinandersetzung mit sich selbst.

Sie gehen auf eine Zeitreise in die Vergangenheit, spüren Verhaltensweisen, lästige Gewohnheiten, manipulierte Glaubenssätze und unangenehme Gefühle auf und stellen sich letztendlich die Fragen:

- Wer bin ich?
- Was will ich?
- Wo möchte ich hin?

Es gibt Eigenschaften, die Sie sofort erkennen und die Ihnen sogar bewusst sind. In bestimmten Situationen haben Sie eine Verhaltensweise durchblicken lassen, die Ihre Situation eher verschlechtert, als verbessert hat. Die Verhaltensweisen sind eng mit den Gewohnheiten verbunden, die Ihre Komfortzone beschreiben. Mit Ihren Gewohnheiten und den damit verbundenen Verhaltensweisen sind Sie bisher immer gut zurechtgekommen.

Dass diese aber mit Fehlern behaftet sein können und dadurch eine große Tragweite haben, ist Ihnen oftmals gar nicht bewusst. Sicherlich werden Sie sich jetzt fragen, warum Sie Ihre Persönlichkeit überdenken und Verhaltensweisen, Denkmuster sowie Gewohnheiten verändern sollten.

Bei einer genaueren Betrachtung Ihrer Persönlichkeit und der Reise in die Vergangenheit werden Sie erstaunt sein. Ihnen fallen Dinge auf, die Sie hätten anders machen können, um zielführend zu sein. Indem Sie den Fokus auf Ihre Persönlichkeit legen, nehmen Sie Veränderungen wahr, die Ihnen eine Menge Lebensenergie rauben und es gar nicht wert sind, dass Sie sich so ins Zeug legen. Es sind die Dinge, die Sie nicht verändern können, wie den Stau auf der Autobahn, in dem Sie jeden Morgen auf dem Weg zur Arbeit feststecken oder das Wetter.

Indem Sie Dinge aussortieren, die Sie nicht ändern können, treten Sie den alltäglichen Herausforderungen mit mehr Gelassenheit entgegen. Der Umgang damit fällt auch deutlich leichter. Sie gönnen sich mehr Authentizität, handeln, wie es Ihrer Persönlichkeit entspricht und nicht, wie andere es von Ihnen erwarten. Wer sein Selbstwertgefühl steigert, Selbstzweifel ablegt und das Selbstbewusstsein stärkt, wird in vielen Situationen gelassener und nachsichtiger. Die Messlatte im Bezug auf die Perfektion wird nicht mehr so hoch gelegt. Mit übertriebenem Perfektionismus stellt sich übermäßige Wut ein, die Sie auf sich selbst und Ihre Mitmenschen projizieren. Damit boykottieren Sie selbst Ihr eigenes Glück. Überdenken und weiterentwickeln Ihrer Persönlichkeit eröffnet Ihnen neue Perspektiven. Sie beginnen, anderen und vor allen Dingen sich selbst zu verzeihen. Das ist das Fundament für friedvolle Beziehungen.

Das sind nur einige Punkte und es gibt eine ganze Reihe mehr, die Ihnen innere Zufriedenheit geben und ein ausgewogenes Gleichgewicht zwischen Ihnen und Ihrer Umwelt herstellen. Darum ist es nie ein Fehler, sich mit der eigenen Person und den dazugehörigen Themen zu beschäftigen.

Persönlichkeitsentwicklung stellt eine Einigkeit zwischen Persönlichkeit, Identität und Selbstbild her und gibt Ihnen die Chance, sich mit den verschiedenen Aspekten Ihres Lebens zu beschäftigen, auseinanderzusetzen und positive Veränderungen herbeizuführen. Die folgenden 10 Gründe zeigen Ihnen, warum Sie sofort starten sollten:

1. Sie stärken Ihr Selbstwertgefühl und entwickeln ein besseres, gesundes Selbstbild, weil Sie sich besser kennenlernen sowie Stärken und Schwächen annehmen. Es entwickelt sich ein gewisser Stolz auf die Person, die Sie jetzt sind und in Zukunft sein werden.

2. Sie erlangen ein stärkeres Selbstbewusstsein, mehr Selbstvertrauen, mentale Stärke und eine bessere Selbsteinschätzung! Sie treten über den äußersten Rand Ihrer Komfortzone und erleben Situationen, die Ihnen den Boden unter den Füßen wegziehen. Genau sie sind es, die Sie lehren, immer wieder aufzustehen, Rückschläge anzunehmen und weiterzumachen. Das Selbstwertgefühl, Selbstvertrauen und Ihr Selbstbewusstsein wachsen dabei ganz automatisch und sorgen dafür, dass Sie sich stärker und besser fühlen.

3. Sie erlangen neue, bessere soziale Fähigkeiten! Persönlichkeitsentwicklung und die damit einhergehenden Veränderungen passieren in Ihrem Kopf. Darum ist die menschliche Psychologie an dieser Stelle so tief verwurzelt. Sie beginnen sich mit der Funktionsweise Ihres Verstands auseinanderzusetzen und bekommen ein neues Verständnis dafür, wie Sie selbst und andere Menschen in Ihrem Umfeld ticken. Die damit einhergehenden Erkenntnisse erweitern die sozialen Fähigkeiten und werden Sie in Staunen versetzen. Kommunikation, Freunde gewinnen, den richtigen Partner finden und im Job erfolgreich sein gestaltet sich ganz anders als früher.

4. Mit einem starken Selbstwertgefühl stellen sich zunehmend Erfolg und Wohlstand ein! Die Kombination aus starkem Selbstwertgefühl, Vertrauen, Selbstbewusstsein und sozialen Fähigkeiten wirkt wie ein Katapult und beschert Ihnen Erfolg in allen Lebensbereichen. Schauen Sie sich einmal die großen, erfolgreichen Persönlichkeiten dieser Welt an. Dort erkennen Sie, dass Persönlichkeitsentwicklung und der Ausbau von Fähigkeiten der Indikator für Unternehmertum, Selbständigkeit und Reichtum ist. Sie alle gehen an Herausforderungen mit Selbstvertrauen, mentaler Stärke, einem starken Selbstwertgefühl, Selbstachtung und der richtigen Selbsteinschätzung heran und schaffen damit die beste Basis, um erfolgreich zu sein.

5. Sie erlangen wachsende, anhaltende körperliche und geistige Gesundheit!

Gravierende Themen der Persönlichkeitsentwicklung sind Gewohnheiten, Emotionen und Disziplin, die eine wichtige Rolle spielen. Wer seine Persönlichkeit weiterentwickelt legt schlechte Gewohnheiten ab und implementiert neue, positive Gewohnheiten. Dadurch erhalten Sie eine verbesserte psychische und physische Gesundheit. Auch wenn der Weg mit vielen Stolperfallen und Hürden ausgestattet ist, sollten Sie für diesen positiven Effekt am Ball bleiben.

6. Beziehungen zu Ihren Mitmenschen werden anders, erfüllender und intensiver! Die Entwicklung Ihrer Persönlichkeit lehrt Sie, sich selbst und andere Menschen zu akzeptieren und zu lieben, so wie sie sind. Damit verändern sich alle Ihre Beziehung auf positive Weise. Sie sehen die Menschen in Ihrem Umfeld mit ganz anderen Augen und nehmen sie mit allen Fehlern und Schwächen an. Sie werden offener alles und weniger verletzlich. Durch das gestärkte Selbstwertgefühl erhalten Sie zudem einen neuen Blickwinkel auf den Wert anderer Menschen.

7. Sie erkennen Ihren Lebenssinn und Ihre eigene Lebensidee! Durch den Ausbau von Selbstwertgefühl, Selbstachtung, Selbstliebe, Selbstbewusstsein und Selbstachtung sehen Sie deutlicher, wer Sie sind, was Sie wollen und wohin ihr individueller Weg Sie führen soll. Es entsteht ein konkretes Bild von Ihrer Zukunft. Sie treffen Entscheidungen, führen Veränderungen herbei und legen damit den wichtigen Grundstein für Ihre eigene, individuelle Lebensidee und den Lebenssinn.

8. Sie erlangen mentale, innere Stärke, Ausgeglichenheit und kommen zur Ruhe!

Sie erlangen die Erkenntnis, dass Wahrnehmung und Reaktion auf Umstände das eigene Leben formen und nicht die Herausforderung selbst. Mit diesem Wissen kehrt Ruhe und Ausgeglichenheit ein. Dadurch erlangen Sie innere Stärke, Selbstvertrauen, werden robuster und gleichzeitig deutlich flexibler. Sie meistern Ihr Leben und sind im Einklang mit sich selbst.

9. Es erfolgt eine Förderung der eigenen Stärken und Talente! Erst, wenn Sie erkannt haben, wer Sie wirklich sind und was in Ihnen steckt, können Sie Ihre Talente, Fähigkeiten und Stärken zielgerichtet einsetzen, Ihre persönliche Lebensidee umzusetzen und Ihr individuelles Ziel erreichen. Durch die Persönlichkeitsentwicklung lernen Sie die Fähigkeiten zu schätzen, die Ihnen bei der Geburt an die Hand gegeben wurden und wie Sie diese richtig einsetzen, um im Spiel des Lebens als Gewinner hervorzugehen.

10. Sie erfahren durch Persönlichkeitsentwicklung Unabhängigkeit und wahre Freiheit!

Selbstakzeptanz, Selbstwertgefühl, Selbstvertrauen, Selbstliebe und Selbstbewusstsein erlauben Ihnen, soziale Konditionierungen zu überdenken und abzulegen, damit Sie die Welt so sehen, wie sie wirklich ist. Denn das vorherige Bild ist durch Fehlannahmen, gesellschaftliche Einflüsse und Fremdbestimmung verfälscht. Indem Sie aus dieser fremdbestimmten Welt heraustreten, erlangen Sie Schritt für Schritt mehr Unabhängigkeit und Freiheit. Für Schuldgefühle und lähmende Zweifel ist dort kein Platz mehr.

Indem Sie Ihr Selbstwertgefühl stärken, mehr Selbstvertrauen erlangen und Ihre Persönlichkeit entwickelt, wachsen Sie über sich hinaus und können mental gestärkt zu neuen Ufern aufbrechen.

Es erfordert sehr viel Mut und Disziplin. Doch wer sich und seine Persönlichkeit weiterentwickeln möchte, rückt dem eigenen, neuen Lebensideal Schritt für Schritt ein Stück näher.

Positives Denken stärkt das Selbstwertgefühl

Es gibt diesen berühmten Satz: „Ist das Glas halb voll oder halb leer?" Je nachdem, wie sich Ihre Antwort gestaltet, lässt sich daran ablesen, ob sie eine positive oder negative innere Lebenseinstellung haben. Bei positiv denkenden Menschen ist die Antwort halb voll, bei einer negativen Denkweise halb leer.

Gedanken manipulieren das eigene Handeln und dadurch auf das eigene Leben. Das sollten Sie nicht unterschätzen. Wer eine positive Grundeinstellung besitzt, geht ganz anders an Veränderungen heran, setzt erreichbare Ziele und entwickelt seine Persönlichkeit weiter. Wenn Sie schlechte Gewohnheiten abzulegen und das Selbstwertgefühl stärken wollen, um mehr Selbstvertrauen zu erlangen, muss Ihnen klar sein, dass Sie sich damit auf eine große

Herausforderung mit vielen Stolpersteinen und Rückschlägen einlassen.

Sie begegnen Widrigkeiten und Fallstricken, die Sie nicht vorhergesehen haben. Es tauchen negative Gedanken auf, die Ihnen suggerieren, dass Sie es sowieso nicht schaffen alte Gewohnheiten gegen neue und bessere auszutauschen. Bei jeder Kleinigkeit meldet sich der innere Kritiker mit erhobenem Finger zu Wort und beschwört immer wieder negative Situationen herauf, wo sich Selbstzweifel breit machen. In diesem Moment ist das Glas halb leer, weil Sie an sich selbst und Ihrem neuen Lebensideal zweifeln.

Es gibt keinen Menschen der einen umfangreichen Schutz vor Niederlagen und Rückschlägen hat. Allerdings gehen sie mit einer positiven Grundeinstellung anders an die Sachen heran und deutlich besser damit um, selbst wenn die Herausforderung und der Stress noch so groß sind. Gerade stressige, belastende Situationen erfordern ein Umdenken.

Trotz aller Widrigkeiten können positiv denkende Menschen ihre ganze Kraft zusammennehmen und an ihrem Ziel festhalten. Sie entwickeln Kreativität und suchen neue Wege und Chancen, um das Selbstwertgefühl zu steigern, mehr Selbstvertrauen zu erlangen und die eigene Persönlichkeit weiter auszubauen. Herausforderungen und Widrigkeiten sind momentane Hindernisse. Diese sollten Sie aber nicht davon abhalten, an Ihrem Ziel oder den neuen Lebensidealen festzuhalten.

Schauen Sie nach den Chancen und Möglichkeiten, die sich aus der jeweiligen Situation ergeben, was Sie daraus lernen können und ergreifen Sie die Gelegenheit. Vielleicht ist das eigene Ziel zu hoch gesteckt und Sie erhalten eine Ermahnung, dass Sie langsamer vorgehen sollten. Resignieren Sie nicht an Hindernissen und momentanen belastenden Situationen.

Resignation öffnet die Türen für eine negative Grundeinstellung. Lassen sich Hindernisse scheinbar nicht überwinden, sollten Sie nach den Dingen schauen, die Sie bisher bereits verändert und wo Sie neue Wege eingeschlagen haben. Die bereits geschafften Veränderungen sind eine Rettungsleine. Sie sorgt dafür, dass Sie nicht abdriften, in Ihren negativen Gedanken ertrinken und Ihren Wunsch nach Veränderungen anzweifeln.

Indem Sie sich an positive Veränderungen erinnern, erlangen Sie das Bewusstsein, dass Sie es schaffen können, wenn Sie es wirklich wollen. Nutzen Sie dafür neue Wege und suchen Sie nach Lösungen, ohne sich auf die negativen Gefühle und Gedanken zu konzentrieren. Es geht nur um Sie, um Ihr Leben und Wohlbefinden. Sie spielen die

Hauptrolle, mit allen Facetten, die dazugehören.

Eine Quelle für positive Energie sind positiv denkende Menschen aus Ihrem Umfeld. Diese Personen verstehen Sie, sind eine gute Stütze und stärken Sie bei Ihrem Vorhaben. Nutzen Sie die negativen Gedanken, um die Vorgehensweise noch einmal zu überdenken. Sie sind ein Fingerzeig, dass es auch noch andere Möglichkeiten und Wege gibt.

Negative Gedanken entstehen in den unterschiedlichsten Situationen und begegnen Ihnen über den ganzen Tag verteilt. Schärfen Sie Ihr Bewusstsein und achten Sie genau auf Ihre positiven und negativen Gedanken. Damit identifizieren Sie schnell die Situationen, die negatives Denken hervorrufen.

Schnell wird Ihnen klar, dass negative Gedanken ein automatischer Prozess sind. Bestimmte Situationen verbinden Sie direkt mit einem negativen Beigeschmack, weil sich aus der jeweiligen Situation kein positives Ergebnis ergeben hat.

Positive Resultate ergeben sich aus negativen Situationen nur, wenn Sie mit einer positiven Denkweise an diese herangehen. Indem Sie Ihre Gedanken umprogrammieren, finden Sie positive Lösungsansätze.

Sie stärken Ihr Bewusstsein und entwickeln sich weiter. Zufriedenheit kehrt ein, weil Sie an Ihre Persönlichkeitsentwicklung nicht mehr engstirnig, sondern sehr flexibel herangehen. Sie selbst haben die Fähigkeiten und sind in der Lage Ihr Leben selbst nach Ihren Wünschen und Bedürfnissen zu gestalten. Trotz aller Widrigkeiten schauen Sie über den Tellerrand, verlassen Ihre geliebte Komfortzone und verfolgen Ihr eigenes Ziel.

Positive Gedanken haben eine unglaubliche Macht, die leider vielfach unterschätzt wird. Sie nehmen direkten Einfluss das Wohlbefinden, die Weiterentwicklung, die Gesundheit und das Leben.

Wenn Sie einmal Menschen beobachten, wird Ihnen sofort auffallen, welche Person eine positive oder negative Einstellung hat. Die jeweilige Denkweise lässt sich an der Körpersprache, Körperhaltung, Mimik und Gestik genau ablesen. Pessimisten strahlen Angst, Unsicherheit und Selbstzweifel aus und treten bei ihrer Entwicklung auf der Stelle. Optimisten beziehungsweise positiv denkende Menschen sind selbstzufrieden, haben ein starkes Selbstwertgefühl, glauben an sich selbst und ihre Fähigkeiten.

Angst, Selbstzweifel und negative Gedanken sind wie Festungsmauern, hinter denen sich Ihr größter Schatz, Ihre Persönlichkeit befindet. Diese massive Begrenzung schränkt die Produktivität ein und verhindert, dass Sie Ihre Komfortzone verlassen. Ihr Pessimismus hält

Sie davon ab, in der Mauer einen Durchgang zu suchen und zu schauen, was sich jenseits der Mauer befindet.

Der Wunsch nach Veränderung wird im Keim erstickt und Sie machen weiter wie bisher. Sie beschneiden sich damit selbst, beschränken sich in Ihrer Persönlichkeitsentwicklung und schmälern die Erfolgsaussichten auf ein glückliches, zufriedenes, und selbstbestimmtes Leben.

Zitat: *„Pessimismus ist der Strandkorb des Unproduktiven!"* Gottfried Benn

Selbstwertgefühl stärken und energiegeladen neue Wege gehen

Es gibt viele Wege, um das Selbstwertgefühl zu stärken und die Persönlichkeitsentwicklung voranzutreiben. Um die vielen Chancen zu nutzen, brauchen Sie kein fundiertes Fachwissen und auch keine tiefgründige psychologische Beratung. Denn schon mit kleinen Veränderungen erlangen Sie eine starke Persönlichkeit, stärken das Selbstwertgefühl, erhalten Selbstachtung und Selbstbewusstsein.

Es stellen sich positive Veränderungen ein. Sie erlangen innere Stärke und akzeptieren die Dinge, die zu Ihnen gehören, egal ob es Ihre Schwächen oder Stärken sind. Legen Sie den Fokus auf Ihre Stärken, setzen Sie diese gezielt ein und stehen Sie zu Ihren Fehlern und Schwächen. Wer sagt: „Ich kann das nicht, weil ich keine Ahnung davon habe!" zeigt Größe.

Denn er weiß genau, wo die eigenen Grenzen sind. Genauso weiß diese Person um ihre Stärken und nutzt sie, um sich selbst den Weg zu ebnen. Bereits kleine Veränderungen machen Sie zu einem neuen Menschen. Zeigen Sie sich selbst, dass Sie wertvoll und liebenswert sind. Nutzen Sie die richtigen Werkzeuge, um Ihre schlummernden Potenziale zu wecken und lassen Sie diese zum festen Bestandteil Ihres täglichen Lebens werden.

- **beobachten Sie sich selbst**
- **reflektieren Sie Ihre Verhaltensmuster**
- **stärken Sie Ihre Körperhaltung**
- **entdecken Sie Ihren eigenen Wert**
- **verbessern Sie Ihr Körpergefühl**
- **gehen Sie aus sich heraus und zeigen Sie sich selbstbewusst**
- **geben Sie mit Worten Ihrer Persönlichkeit eine Stimme**
- **nehmen Sie sich selbst nicht so ernst**
- **lachen Sie viel**
- **üben Sie sich in Disziplin**

Mit diesen Dingen beschreiten Sie bereits den Weg in ein erfülltes Leben, das Ihnen Erfolg in allen Bereichen bescheren wird.

Zeigen Sie anderen Menschen Grenzen auf und verweisen Sie sie in ihre Schranken bei Grenzüberschreitungen. Sie brauchen vor nichts und niemandem Angst zu haben. Also treten Sie aus Ihrem Schattendasein heraus und zeigen Sie sich im hellen Licht. Sie sind individuell und haben Persönlichkeit, passen nicht mehr in das alte Umfeld, weil ihre Denkweise, Ansätze und Ihre Lebensidee anders ist.

Es gibt zwei Kategorien von Menschen. Die angepassten unglücklichen und diejenigen, die aus der Komfortzone heraustreten und neue Wege für ein besseres, glücklicheres Leben beschreiten. Sie sind also nicht alleine!

Veränderungen bedeuten harte Arbeit und Disziplin, um schlechte Verhaltensmuster abzulegen und das alte Leben hinter sich zu lassen. Sie entscheiden ab jetzt und haben Ihr Leben selbst in der Hand. Ihr starkes Selbstwertgefühl, Selbstachtung und das Vertrauen in sich selbst sind dabei mächtige Gefährten. Sie sind der Brunnen aus dem Sie Kraft schöpfen, um Gedanken neu zu konditionieren und bei Rückschlägen nicht die neue Lebensidee wieder beiseite zu legen.

Sie entwickeln neue, positive Denkweisen und erhalten ein Selbstbild, das ohne Selbstüberschätzung und Selbstzweifel auskommt. Wenn Sie verstanden haben, was alles hinter einem starken Selbstwertgefühl steckt, gelingt es Ihnen, gezielt an Ihrer Persönlichkeit zu arbeiten und das Beste aus Ihnen herauszuholen.

Leoni Herzig

Wenn Sie mehr über sich und persönliches Wachstum lernen möchten, dann besuchen Sie doch gerne meine Autorenseite auf Amazon.

(Einfach Leoni Herzig in die Amazon Suchmaske eingeben)

Haftungsausschluss und Impressum

Impressum
Autor: Leoni Herzig
vertreten durch:
Markus Kober
Kreuzerwasenstraße 1
71088 Holzgerlingen
markus.kkober@gmail.com

Alle Bilder und Texte dieses Buchs sind urheberrechtlich
geschützt.
Ohne explizite Erlaubnis des Herausgebers, Urhebers und
Rechteinhabers
sind die Rechte vor Vervielfältigung und Nutzung dritter
geschützt.

Quellenangabe:

https://karrierebibel.de/minderwertigkeitsgefuehle/

https://karrierebibel.de/selbstwertgefuehl/

https://karrierebibel.de/selbstbewusstsein-selbstvertrauen/

https://karrierebibel.de/selbstsicherheit/

https://karrierebibel.de/selbstzweifel/

https://karrierebibel.de/selbstachtung/

https://karrierebibel.de/selbsteinschaetzung/

https://www.sueddeutsche.de/wissen/psychologie-der-fremde-in-dir-1.2298867

https://www.palverlag.de/Selbstwertgefuehl.html

https://www.selbstbewusstsein-staerken.net/selbstwertgefuehl-staerken/

https://www.gluecksdetektiv.de/selbstwertgefuehl-staerken/

42415876R00070

Printed in Poland
by Amazon Fulfillment
Poland Sp. z o.o., Wrocław